Avec Illustrations pour un Apprentissage Complet

L'HISTOIRE DE L'AMIRAL YI SUN-SIN

en toute simplicité pour les enfants et les adultes !

Woosung Kang

Copyright © 2025 by Woosung Kang

Aucune partie de cette publication ne doit être copiée, diffusée ou envoyée par copie ou enregistrement ou sous quelque forme ou manière que ce soit, y compris par des moyens électroniques ou physiques, sans l'autorisation écrite préalable de l'éditeur, sauf à des fins de critique et autres fins non commerciales dans les limites autorisées par le Code de la propriété intellectuelle.

Pour les demandes d'autorisation et de droits d'auteur, contactez l'auteur à l'adresse suivante :

marketing@newampersand.com

ISBN 979-11-93438-25-1

& NEW AMPERSAND PUBLISHING
newampersand.com

Visitez notre site web pour plus de livres

« Ouin ! Ouin ! »

Il y a bien longtemps, à Geoncheondong, Joseon (aujourd'hui Séoul), un petit garçon naquit en poussant de grands cris !

Il s'appelait Yi Sun-sin !

Yi Sun-sin était un enfant énergique qui aimait jouer avec ses amis.

Il lui arrivait même de faire des farces aux adultes et il aimait faire de l'équitation.

Mais Yi Sun-sin avait un rêve particulier.

« Je deviendrai un général qui protégera son pays ! »

Dès son plus jeune âge, il fit preuve d'une grande détermination.

Yi Sun-sin commença donc à s'entraîner pour maîtriser les arts martiaux.

Il pratiquait le tir à l'arc, maniait l'épée avec précision et s'entraînait à monter à cheval.

En 1572, à 28 ans,
Yi Sun-sin se présenta à l'examen du service militaire !

« Hue ! »

Mais tout d'un coup, son cheval trébucha et tomba !

Yi Sun-sin fut projeté au sol et il se cassa la jambe.

Les gens autour de lui sursautèrent et dirent,

« Yi Sun-sin ne pourra plus jamais se relever. »

Mais Yi Sun-sin n'abandonna pas !

« Je me relèverai quoi qu'il arrive ! »

Il utilisa une branche de saule comme attelle pour sa jambe blessée et se releva.

Bien qu'il eût échoué à l'examen, tout le monde sur le site l'admirait pour être un grand guerrier.

Après avoir travaillé encore plus dur, quatre ans plus tard, en 1576, à l'âge de 32 ans, Yi Sun-sin repassa l'examen militaire et le réussit haut la main !

Au début, Yi Sun-sin se vit confier un petit poste d'encadrement des soldats. Mais il ne négligeait jamais les entraînements et prenait toujours soin de ses soldats pour les aider à devenir plus forts.

Par-dessus tout, il était toujours honnête et respectait les principes.

Un jour, un haut fonctionnaire nommé Seo Ik donna à Yi Sun-sin un ordre injuste et lui demanda de faire quelque chose d'illégal pour son propre bénéfice.

Yi Sun-sin répondit fermement

« Nous devons respecter les lois et les principes de la nation. »

Pour cette raison, Seo Ik en voulait à Yi Sun-sin et décida de se venger ! Seo Ik inspecta secrètement l'unité militaire de Yi Sun-sin.

Mais celle-ci était parfaitement préparée ! Elle ne présentait aucun défaut. Pourtant, Seo Ik soumit un faux rapport !

« Yi Sun-sin ne gère pas correctement l'armée ! »

En lisant cela, la cour royale démit Yi Sun-sin de ses fonctions. Imaginez le sentiment d'injustice que dut ressentir Yi Sun-sin !

Mais il n'abandonna pas.

« Un jour,
je protégerai à nouveau Joseon. »

Heureusement, quatre mois plus tard, Yi Sun-sin fut réintégré en tant que général ! Mais il dut retourner à un rang inférieur à celui qu'il occupait auparavant.

« Ce n'est pas grave tant que je peux servir le pays ! »

Yi Sun-sin n'abandonna jamais sa détermination à protéger son pays. Quelques années plus tard, il fut chargé de défendre Nokdundo, une petite île située à l'embouchure du fleuve Duman, au-delà de laquelle s'étendaient les terres des Jurchens.

« Je dois défendre cet endroit à tout prix ! »

Le général Yi Sun-sin se battit courageusement pour son pays et son peuple. Cependant, un commandant militaire de la province du Hamgyeong du Nord, nommé Yi Il, l'accusa à tort !

« Yi Sun-sin n'a pas réussi à protéger Nokdundo ! »

En vérité, le général Yi Sun-sin avait demandé des renforts au préalable, mais la cour royale ne les avait pas accordés.

Le roi et ses fonctionnaires savaient que Yi Sun-sin s'était battu courageusement malgré son infériorité numérique. Mais ils ne purent éviter de le punir pour des raisons politiques.

En fin de compte, Yi Sun-sin fut fouetté et déchu de son grade militaire, servant comme simple soldat dans la guerre.

Mais parce que Yi Sun-sin accepta avec joie la punition, même si elle était injuste, cela montra sa loyauté envers le roi et la nation et fit forte impression sur le roi Seonjo et la cour royale.

« Ce général n'est pas un homme ordinaire ! Il se battra pour notre pays jusqu'au bout ! »

Yi Sun-sin attendait une nouvelle chance de servir son pays.

Et enfin, en 1589,
Yi Sun-sin fut nommé magistrat de Jeongeup dans la province de Jeolla

Jeongeup était un village paisible où les habitants vivaient de l'agriculture.

Mais les villageois souffraient de la tyrannie de fonctionnaires corrompus.

Yi Sun-sin se disait :

« Le pays ne peut devenir fort que si ses habitants vivent en paix ! »

Il abolit donc les taxes injustes et protégea les villageois impuissants. Le peuple faisait confiance au magistrat Yi Sun-sin et le soutenait ! La nouvelle de la gouvernance juste et équitable de Yi Sun-sin à Jeongeup se répandit loin à la ronde.

En 1591, Yi Sun-sin fut nommé commandant naval de la province du Jeolla gauche !

Il avait désormais le rôle important de diriger la Marine de Joseon depuis la base navale du Jeolla gauche (aujourd'hui Yeosu).

« Il est temps de retourner en mer ! »

Le 13 avril 1592, l'armée japonaise se rassembla au large de Busan et lança son attaque !

Cette invasion soudaine plongea Joseon dans le chaos.

L'armée japonaise s'empara rapidement de Busan et de Dongnae, puis marcha vers Hanyang (l'actuelle Séoul).

L'armée de Joseon se défendit, mais continua à perdre, et finalement, le roi Seonjo dut s'enfuir loin au nord, à Uiju.

Mais l'amiral Yi Sun-sin avait déjà pressenti l'imminence de la guerre et s'était préparé à l'avance.

En mai 1592, le commandant Won Gyun, qui défendait les eaux au large de Goseong dans la province de Gyeongsang, demanda d'urgence l'aide de l'amiral Yi Sun-sin.

Sans hésiter, l'amiral Yi Sun-sin se mit en route avec environ 80 navires.

Lorsqu'ils atteignirent les eaux au large d'Okpo, une trentaine de navires japonais arborant des drapeaux rouges et blancs y flottaient déjà.

Des soldats japonais pillèrent les villages à terre et y mirent le feu.

C'est alors que la Marine de Joseon lança une attaque soudaine !

Elle se déplaça rapidement et coula les navires japonais un par un.

Les soldats détruisirent jusqu'à 26 navires et vainquirent de nombreux soldats japonais.

C'est ainsi que la Marine de Joseon remporta une brillante victoire lors de sa première bataille contre le Japon !

Après sa grande victoire à la bataille d'Okpo, la flotte de l'amiral Yi Sun-sin passa l'île de Geoje et se dirigea vers les eaux de Yeongdeungpo.

Ce fut à ce moment-là que...

« AMIRAL ! IL Y A CINQ NAVIRES JAPONAIS EN TRAIN DE PASSER AU LARGE ! »

L'amiral Yi Sun-sin fit immédiatement demi-tour et se lança à la poursuite de la flotte japonaise.

En naviguant rapidement à leur poursuite, ils arrivèrent finalement à Happo (l'actuelle Jinhae).

Cependant, lorsque les soldats japonais virent la Marine de Joseon approcher, ils abandonnèrent leurs navires et s'enfuirent sur la terre ferme !

Le lendemain à l'aube,
la Marine de Joseon reçut des informations plus critiques :

« IL Y A DES NAVIRES JAPONAIS A GORIYANG DANS LE JINHAE ! »

L'amiral Yi Sun-sin et le commandant Won Gyun divisèrent leur flotte en deux groupes et prirent la mer.

Lorsqu'ils arrivèrent au large de Jeokjinpo, ils trouvèrent 13 navires japonais ancrés et au repos ! L'amiral Yi Sun-sin s'écria,

« C'est l'occasion ou jamais ! Attaquons ! »

La Marine de Joseon fonça courageusement et détruisit les 13 navires sans en laisser un seul derrière elle.

Le 29 mai 1592, l'amiral Yi Sun-sin et la Marine de Joseon affrontèrent une nouvelle fois la flotte japonaise au large de Sacheon, dans la province du Gyeongsang du Sud.

La Marine japonaise avait apporté 13 navires au total – 12 grands navires de guerre et 1 navire plus petit – pour prendre le contrôle de la mer.

Mais cette fois, la Marine de Joseon disposait d'une arme très spéciale !

Il s'agissait du légendaire bateau-tortue !

Ce navire était recouvert d'une armure de fer de la proue à la poupe, ce qui le rendait imperméable aux flèches et aux balles ennemies.

L'amiral Yi Sun-sin avait étudié, amélioré et transformé ce navire en une arme encore plus puissante !

Menant la charge avec le bateau-tortue, la Marine de Joseon attaqua férocement et détruisit les 13 navires japonais !

Cependant, au cours de la bataille, l'amiral Yi fut touché par une balle à l'épaule gauche.

Malgré tout, l'amiral ignora sa douleur et se battit jusqu'au bout, menant sa flotte à une nouvelle victoire glorieuse !

Le 2 juin 1592, une nouvelle bataille féroce éclata au large de la côte de Dangpo à Tongyeong, dans la province du Gyeongsang du Sud.

Dirigée par l'amiral Yi Sun-sin, la Marine de Joseon triompha une fois de plus, battant 21 navires de guerre japonais !

Trois jours plus tard, la Marine de Joseon poursuivit les forces japonaises jusqu'à Danghangpo, également à Goseong, dans la province du Gyeongsang du Sud.

La Marine japonaise, vaincue lors de la bataille de Dangpo, s'était réfugiée à Danghangpo pour se cacher.

L'amiral Yi envoya d'abord trois navires pour repérer soigneusement la zone.
Et le rapport revint :

« L'ennemi est là ! »

L'amiral Yi Sun-sin donna immédiatement l'ordre d'attaquer !

La Marine de Joseon fonça sans crainte, détruisant les 26 navires japonais et battant d'innombrables soldats ennemis, y compris leur commandant.

Grâce à l'amiral Yi Sun-sin et à la Marine de Joseon, la mer resta sûre et de nombreuses forces japonaises furent repoussées.

Cinq jours plus tard, la Marine de Joseon repéra la flotte japonaise au large de Guyulpo, sur l'île de Geoje !

L'amiral Yi Sun-sin était à la tête de 23 navires,
l'amiral Yi Eok-gi à la tête de 25 navires,
et l'amiral Won Gyun, 3 navires,

ce qui faisait pour Joseon un total de 51 navires de guerre pourchassant la flotte japonaise !

La Marine japonaise se dirigeait vers Busan avec cinq grands navires et deux bateaux de taille moyenne.

Mais alors que la Marine de Joseon les poursuivait rapidement, les Japonais tentèrent de s'enfuir vers la terre ferme !

Mais ils ne parvinrent pas à dépasser la vitesse de la Marine de Joseon !

Finalement, les sept navires japonais furent détruits et leur commandant, ainsi que de nombreux soldats, tombèrent au combat.

« Hourra ! Hourra… ! »

La mer appartenait toujours à la Marine de Joseon !

En juillet 1592, l'armée japonaise tenta d'avancer vers l'île de Gadeok, située entre Busan et l'île de Geoje.

Le commandant suprême japonais, Toyotomi Hideyoshi, donna l'ordre à ses soldats :

« ECRASEZ LA MARINE DE JOSEON ! »

En réponse, la Marine japonaise rassembla environ 70 navires et se réunit dans l'étroit détroit de Geonnaeryang, entre Geoje et Tongyeong !

Mais...
Geonnaeryang était un endroit incroyablement étroit et dangereux !

L'amiral Yi Sun-sin en profita pour préparer un piège génial !

L'amiral Yi Sun-sin envoya quelques navires de guerre à Geonnaeryang pour attirer la Marine japonaise. Lorsque l'armée de Joseon battit intentionnellement en retraite, les Japonais pensèrent :

« HAHA ! L'ARMÉE DE JOSEON S'ENFUIT ! »

et ils la poursuivirent en direction de l'île de Hansan !

À ce moment-là !
L'amiral Yi Sun-sin frappa le tambour et ordonna :

« COMME UNE GRUE DÉPLOYANT SES AILES ! »

La Marine de Joseon se déploya en formation circulaire, utilisant la tactique « Hak Ik Jin » !

Les bateaux-tortues menèrent la charge, suivis par d'autres navires de combat !

La Marine de Joseon encercla complètement les forces japonaises !

Résultat : 59 navires japonais furent détruits !
Le Japon perdit 9 000 soldats, et les autres s'empressèrent de fuir !

Mais la Marine de Joseon ne perdit pas un seul navire !
Cette victoire contraignit les Japonais à abandonner leur projet de contourner la côte sud et à se diriger vers les mers occidentales !

Une grande victoire obtenue grâce à la sagesse et au courage de l'amiral Yi Sun-sin !

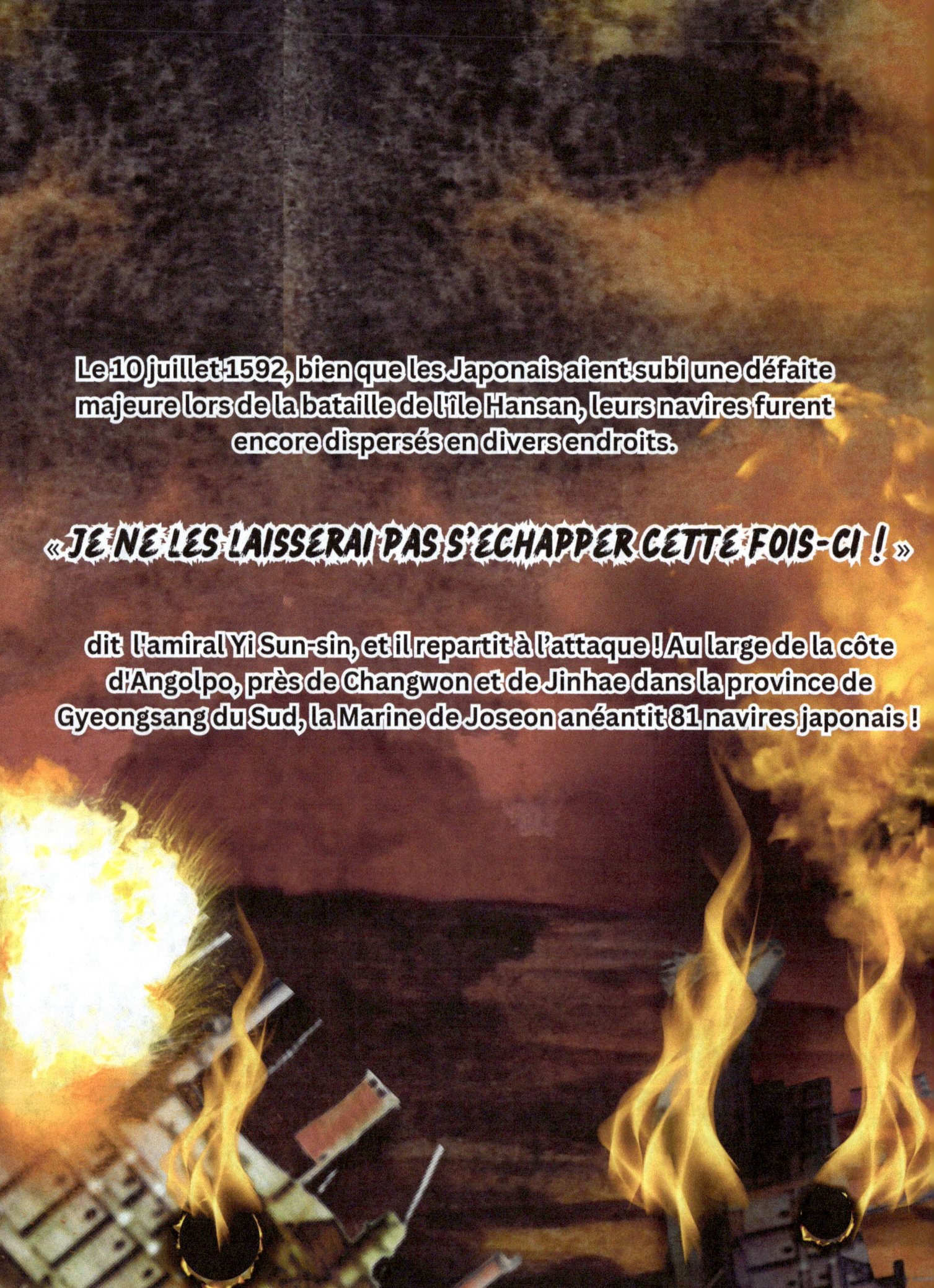

Le 10 juillet 1592, bien que les Japonais aient subi une défaite majeure lors de la bataille de l'île Hansan, leurs navires furent encore dispersés en divers endroits.

« JE NE LES LAISSERAI PAS S'ECHAPPER CETTE FOIS-CI ! »

dit l'amiral Yi Sun-sin, et il repartit à l'attaque ! Au large de la côte d'Angolpo, près de Changwon et de Jinhae dans la province de Gyeongsang du Sud, la Marine de Joseon anéantit 81 navires japonais !

Les forces japonaises avaient de plus en plus de mal à transporter et à ravitailler leurs troupes, et la Marine de Joseon ne cessait d'avancer vers Busan !

Le 1er septembre 1592, la Marine de Joseon se dirigea cette fois vers Busanpo, le bastion des forces japonaises.

Il y a énormément de troupes japonaises sur terre, et un grand nombre de navires sur le rivage ! »

Les Japonais avaient ancré pas moins de 470 navires à Busan ! L'amiral Yi Sun-sin se demanda :

« Comment puis-je lutter contre une telle force ? »

« Voilà, une attaque surprise est ce dont nous avons besoin ! »

La Marine de Joseon, dirigée par le vice-amiral Jeong Un, chargea en premier !

« Feu ! Coulez les navires ! »

à l'assaut féroce de la Marine de Joseon, les forces japonaises furent prises au dépourvu et se précipitèrent vers le large.

Mais comme elles n'étaient pas préparées, plus d'une centaine de leurs navires furent rapidement détruits !

Cependant, au cours de cette bataille, le courageux vice-amiral Jeong Un fut tué... Mais l'amiral Yi Sun-sin ne pouvait pas se permettre de s'appesantir sur son chagrin.

« Vengeons Jeong Un ! »

Peu après, l'amiral Yi Sun-sin mena une nouvelle attaque et poursuivit ses victoires, battant la Marine japonaise lors de la bataille d'Uengpo et de la seconde bataille de Danghangpo !

Grâce à ces victoires, la Marine de Joseon coupa complètement les lignes de ravitaillement japonaises !

Dirigée par les amiraux Yi Sun-sin, Yi Eok-gi et Won Gyun, la Marine de Joseon combattit les forces japonaises du 10 février au 6 mars 1593.

En battant plus de 100 navires japonais, la Marine de Joseon remporta une nouvelle fois une grande victoire !

Les forces japonaises présentes dans les mers du Sud commencèrent alors à ressentir la pression et la crise qui s'accumulaient.

Un an plus tard, les forces japonaises se dirigèrent vers Danghangpo à Goseong, dans la province de Gyeongsang du Sud.

Une flotte de 31 navires mit le cap vers Danghangpo. Mais l'amiral Yi Sun-sin ne put rester inactif !

« Déployez la formation Hak ik jin ! »

La Marine de Joseon encercla l'ennemi en utilisant la tactique Hakikjin, comme une grue déployant ses ailes.

« Tirez les flèches de feu ! »

Avec des flèches enflammées et des canons, les bateaux-tortues foncèrent ! Les 31 navires japonais furent coulés, et la Marine de Joseon remporta une victoire parfaite !

Les forces japonaises dans les mers du Sud disparurent peu à peu et la Marine de Joseon transféra son quartier général sur l'île de Hansan.

Après les victoires de la bataille d'Uengpo et de la deuxième bataille de Danghangpo, les mers autour de Joseon furent à nouveau sûres !

L'amiral Yi Sun-sin fut nommé commandant des forces navales des trois provinces, supervisant les Marines des provinces de Gyeongsang, Jeolla et Chungcheong !

En 1594, le Japon négocia la paix avec Joseon et la dynastie Ming. Cependant, les forces japonaises restèrent stationnées dans les mers du sud, ne montrant aucune intention de mettre fin à la guerre.

L'armée de Joseon décida donc de lancer une attaque pour chasser complètement les forces japonaises.

À Jangmunpo, la marine dirigée par Yi Sun-sin et l'armée dirigée par Gwak Jae-u et Kim Deok-ryeong unirent leurs forces. Mais les forces japonaises se cachèrent dans la forteresse de l'île de Geoje et refusèrent de bouger.

La flotte de Joseon tenta d'attirer les forces japonaises à l'extérieur, mais les Japonais ne voulaient pas se battre. Les forces japonaises se concentrèrent uniquement sur la défense de leur forteresse sur terre, évitant les combats en mer.

En fin de compte, les forces de Joseon ne réussirent qu'à détruire deux petits navires japonais sans bataille majeure.

Mais un problème se posait ! Cette bataille n'était pas menée par l'amiral Yi Sun-sin mais par Yun Du-su, le commandant des Trois Provinces, et d'autres généraux courageux s'y opposaient également, estimant qu'il s'agissait d'une manœuvre trop risquée.

Cependant, Won Gyun accusa Yi Sun-sin de ne pas s'être battu et lui reprocha de ne pas s'être engagé activement !

En conséquence, la situation commença à devenir défavorable à Yi Sun-sin. Bien que toujours prêt à se battre pour son pays et son peuple, les pièges politiques le poussèrent lentement vers une crise.

Joseon, Ming et le Japon étaient toujours engagés dans des pourparlers de paix pour mettre fin à la guerre.

Cependant, les exigences du Japon étaient si déraisonnables qu'en septembre 1596, les négociations furent interrompues.

En conséquence, en 1597, le Japon envahit de nouveau Joseon.

Ce fut la « guerre de Jeongyu », la deuxième guerre de la guerre d'Imjin ! Juste avant que la guerre ne reprenne, l'amiral Yi Sun-sin fut confronté à une grave crise.

Ayant entendu des rumeurs selon lesquelles les forces japonaises se dirigeaient vers les mers du sud, la cour de Joseon ordonna à Yi Sun-sin de capturer le commandant ennemi.

Mais Yi Sun-sin répondit avec prudence :

« Il s'agit peut-être d'une ruse des forces japonaises. »

Une fois de plus, Won Gyun accusa Yi Sun-sin de désobéir aux ordres royaux, affirmant qu'il n'avait pas suivi le commandement du roi.

En conséquence, en mars 1597, Yi Sun-sin fut injustement arrêté et emprisonné.

Il subit un interrogatoire musclé pendant 28 jours et risqua d'être exécuté.

Cependant, le vassal civil Jeong Tak plaida :

« Yi Sun-sin est un héros de la nation ; il doit être épargné. »

Grâce à son plaidoyer, Yi Sun-sin évita l'exécution, mais il fut dépouillé de sa position officielle et traîné sur le champ de bataille en tant que soldat.

Dès lors, il devint un soldat sans grade.

Malgré cela, la cour de Joseon évinça Yi Sun-sin et nomma Won Gyun commandant des forces navales des trois provinces.

La question se posait toujours :

Won Gyun pouvait-il défendre correctement Joseon ?

Après le coup monté et l'emprisonnement de Yi Sun-sin, Won Gyun devint le commandant suprême de la Marine de Joseon.

Cependant, contrairement à Yi Sun-sin, qui était un stratège prudent, Won Gyun était un chef imprudent et cupide.

En fin de compte, en juillet 1597, la Marine japonaise lança une nouvelle attaque de grande envergure, et Won Gyun l'affronta sans disposer des tactiques appropriées.

En conséquence, la Marine de Joseon fut presque entièrement détruite et d'importants commandants comme Lee Eok-gi et Choi Ho périrent. Sans surprise, Won Gyun mourut également.

En outre, sur les 130 navires de la flotte, 120 furent coulés, et la quasi-totalité des 13 000 soldats de Joseon furent anéantis, seuls une dizaine de bateaux ayant réussi à s'échapper.

En effet, la Marine de Joseon, que Yi Sun-sin avait construite, fut détruite en un instant !

Après cette énorme défaite, la cour de Joseon entra en état de choc et de peur.

Elle n'avait plus la force d'arrêter le Japon en mer et la situation sur terre était également défavorable.

Finalement, la cour de Joseon nomma de nouveau Yi Sun-sin commandant de la Marine des Trois Provinces.

Lorsque Yi Sun-sin revint, il ne restait plus que 12 navires sur les 130 d'origine, et seuls 120 soldats sur 13 000 avaient survécu.

La situation était-elle à ce point désespérée ?

L'armée japonaise croyait que la Marine de Joseon avait complètement disparu.

La cour décida alors de dissoudre la marine et de ne garder que l'armée pour combattre.

Mais l'amiral Yi Sun-sin n'abandonna pas.

Il présenta un rapport au roi, disant :

« Il me reste encore 12 navires. Si nous nous battons de toutes nos forces, nous gagnerons sûrement ! »

Impressionnée par la forte volonté de l'amiral Yi Sun-sin, la cour décida de maintenir la Marine de Joseon.

Motivés par sa détermination, les soldats commencèrent à se rassembler et, peu à peu, à réunir des armes.

Kim Eok-chu, l'officier militaire de la province de Jeolla, les rejoignit avec un seul navire, ce qui porta le nombre total de navires à 13.

Cependant, ce nombre était absurdement faible comparé aux 133 navires japonais.

« **Comment surmonter ce désavantage ?** »

L'amiral Yi Sun-sin décida de combattre à Uldolmok (détroit de Myeongnyang).

À cet endroit, il y avait des eaux étroites et agitées, et grâce à sa forme en goulot de bouteille, les grands navires ne pouvaient pas s'y déplacer facilement.

Les eaux d'Uldolmok s'écoulaient rapidement et produisaient un bruit sourd.

Là, les grands navires ne pouvaient pas manœuvrer facilement. Yi Sun-sin réfléchit :

« **Si nous nous battons ici, nous pouvons gagner !** »

Au matin, la flotte japonaise, composée de 133 navires, pénétra dans le détroit de Myeongnyang.

« HA HA ! LA MARINE DE JOSEON EST FINIE ! »

Les forces japonaises étaient confiantes, pensant que leur nombre garantirait la victoire.

À ce moment-là, le navire transportant l'amiral Yi Sun-sin se dirigea audacieusement vers l'avant !

Yi Sun-sin cria :

« Ceux qui cherchent la mort vivront, ceux qui cherchent la vie mourront ! »

Enhardie, la Marine de Joseon tira de gros canons et des flèches enflammées, lançant un assaut sur la flotte japonaise.

« Prenez ces flèches de feu ! »

Les flèches pleuvaient comme une tempête sur les navires japonais.

« HEIN ? LE NAVIRE N'AVANCE PAS COMME IL LE DEVRAIT ! »

À cause du courant rapide, les navires japonais se heurtaient les uns aux autres et tanguaient.

À ce moment-là, les navires menés par Kim Eung-ham, renforçant les forces de Joseon, se joignirent à la bataille !

« Amiral ! Nous vous aiderons ! »

Avec une force renouvelée, les forces de Joseon luttèrent encore plus fort contre les Japonais.

Une victoire miraculeuse !

À la fin de la bataille, les 13 navires de Joseon survécurent !

En revanche, 31 navires japonais coulèrent, et beaucoup d'autres furent endommagés au point d'être irréparables ou s'enfuirent en battant en retraite.

Cette victoire fut si miraculeuse qu'elle semblait presque incroyable !

En conséquence, les courants de la guerre s'inversèrent et la Marine de Joseon commença à reprendre le contrôle des mers.

Après avoir subi une grande défaite à Myeongnyang en 1597, les forces japonaises se retirèrent sur la côte sud de la Corée.

L'année suivante, en 1598, à la mort de Toyotomi Hideyoshi, les Japonais décidèrent de quitter Joseon.

Pour revenir en toute sécurité, les Japonais soudoyèrent secrètement le général des Ming, Jin Lin, lui demandant de fermer les yeux et de leur permettre de passer en toute sécurité.

Dans un premier temps, Jin Lin envisagea d'accéder à leur demande. Mais l'amiral Yi Sun-sin s'y opposa fermement :

« Nous ne pouvons pas permettre aux forces japonaises qui ont tourmenté Joseon de partir sans conséquences ! »

Impressionné par la bravoure de l'amiral Yi Sun-sin, Jin Lin décida de s'allier à lui pour bloquer la retraite des Japonais.

La bataille se déroula dans le détroit de Noryang.

« C'est le chemin que les Japonais doivent emprunter. Nous devons les arrêter ici ! »

Le général Yi Sun-sin dissimula les Marines de Joseon et de Ming de part et d'autre du détroit, attendant l'approche de l'ennemi.

Dans l'obscurité de l'aube, les forces japonaises lancèrent une attaque surprise ! Mais l'amiral Yi Sun-sin était déjà prêt.

« Maintenant, à l'attaque ! »

Il y eut une pluie de flèches, telle une tempête, et les énormes navires de guerre furent engloutis par les flammes.

« AHH ! RETRAITE ! »

Les forces japonaises paniquèrent et tentèrent de se replier, mais le chemin était déjà bloqué.

« Nous défendons les mers de Joseon ! »

L'amiral Yi Sun-sin et ses soldats se battirent avec acharnement, engageant une dernière bataille intense contre les forces japonaises qui avançaient.

À ce moment-là !

Une balle des forces japonaises frappa l'amiral Yi Sun-sin, qui s'effondra !

Malgré la douleur, l'amiral Yi Sun-sin, soucieux de son pays et de ses compagnons d'armes, les encouragea à continuer.

« Ne parlez pas de ma mort alors que la bataille fait encore rage... »

Sa voix, pleine d'inquiétude pour sa nation, résonna sur la mer.

Le neveu du général, Yi Wan, s'écria :

Combattons jusqu'au bout pour l'amiral ! »

et il mena les soldats au combat.

Le général des Ming, Jin Lin, ému aux larmes, murmura :

« Oh... Amiral Yi Sun-sin... »

La Marine de Joseon et les forces des Ming furent accablées de chagrin à la mort de l'amiral Yi Sun-sin, et la mer entière semblait résonner du son de son deuil.

Partout où passait le cortège funèbre de Yi Sun-sin, les gens pleuraient et s'agrippaient aux charrettes, incapables de les laisser avancer.

Il avait alors 54 ans.

Avec cette dernière bataille, les forces japonaises se retirèrent complètement de Joseon.

Et la guerre avec le Japon, qui avait duré sept ans, prit enfin fin.

Après le décès de l'amiral Yi Sun-sin, le roi lui conféra le titre posthume de « Chungmu ».

Ce titre combine la signification de « Chung », qui représente la loyauté, car il signifie la protection du souverain même face au danger.

Quant à « Mu », cela fait référence aux prouesses militaires, symbolisant la défaite des ennemis envahisseurs.

Il s'agit d'honorer et de commémorer à jamais l'amiral Yi Sun-sin !

C'était un héros qui s'est battu sans craindre de perdre la vie, en consacrant tout son temps à protéger le peuple et le pays contre l'invasion japonaise.

충무 이순신

Aujourd'hui, à Séoul, en Corée du Sud, une rue s'appelle « Chungmuro », du nom du titre posthume de l'amiral Yi Sun-sin.

Au cœur de Séoul, sur la place Gwanghwamun, se dresse une statue massive de l'amiral Yi Sun-sin, tenant une épée dans une main et debout avec une expression féroce, symbolisant sa bravoure.

Les Coréens et les étrangers qui contemplent cette statue se souviennent du sacrifice, de la loyauté et de l'amour sans limite que l'amiral Yi Sun-sin portait à son pays et à son peuple.

C'est un héritage qui reste gravé dans leur cœur.

L'histoire Coréenne en Toute Simplicité - Autant pour les Enfants que Pour les Adultes ! Avec Illustrations pour un Apprentissage Complet

Disponible sur Amazon

www.ingramcontent.com/pod-product-compliance
Lightning Source LLC
LaVergne TN
LVHW062048070526
838201LV00080B/2287